김영옥과 함께 무더운 한 여름 소나기 기법

일시적 해소 응급 뇌 소통

숨막힌 무더위 물줄기 소통

글·그림 김영옥

마음숲

김영옥과 함께 무더운 한 여름 소나기 기법

일시적 해소 응급 뇌 소통 _ 숨막힌 무더위 물줄기 소통

| 만다라정신분석 워크북 효과 및 기법과 내용

· 숨막힌 무더위 물줄기 소통
· 응급 탈진 뿌리는 소낙비 소통
· 고온에서 급하강 소통
· 정신의 급처방 냉기 소통
· 고혈압과 저혈압 중앙전망대 소통

| 방법

· 먹물 떨어뜨리기
· 먹물 흩뿌리기

| 효과

· 더운 뇌 식히고 시원한 생각갖기
· 막힌 소통을 소낙비처럼 개운한 마음

| 소통으로 가는 길

몽이들 무의식 속 비바람으로 무더위 소통
무의식 끝없는 창조는
단단한 몸과 뇌의 신선함 그리고
신비함으로 분석한다

무더위는
따뜻한 바람에 불과

그렇지만

늘 몽이들과
비바람에 무의식을 식히고
한없이 행복해할 때
창조는 이보다 더 열릴 순 없다

| 김영옥 원장

· 화가 13회 개인전
· (주)김영옥심리체험박물관 대표
· 사)만다라미술심리연구원 이사장
· 마그마숲 대표
· M심리지원단 대표
· 마그마힐링 심리 프로그램 개발
· 만다라분석심리 이론정립
· 만다라꿈분석 이론 정립
· M분석심리 이론 정립
· M통찰분석 이론 정립
· 포천 몽이마을 조성

마음자리 그림 마당

마그마란 마음자리 그림 마당의 약자로 마음의 응어리를 그림으로 용암같이 녹여내는 심리 치유의 공간이며 세상 만다라 펼침의 공간이다.

| 김영옥과 함께 하는 프로그램/수강정보

- M정신분석 실제 매달 워크샵 년간 진행
- 꿈분석가 배출
- 국민학습지 특강
- 경영지도자과정 : 지사 카페목적
- 마그마힐링&M분석 졸업전시회
- 마그마숲 책쓰기 프로젝트
- 지도자 역량강화 프로그램
- 마그마힐링 & 만다라 워크북 체험
- 전국민 나산다산다 워크숍
- 마그마힐링 지도자자격 과정 : 1급~3급/전국지사
- M분석가 과정 : 1단계~3단계
- M통찰분석가 과정 : 1단계~3단계
- 꿈디자인학교 : 청년/1학기~4학기
- 국민학습지 전국지사 연계 : 서울,경기,충남,대구,울산,포항,영덕 등

| (주)김영옥심리체험박물관

전시회 | 워크샵 | 강의 | 개인분석 | 지도자 배출 | 견학 | 연수

숨막힌 무더위 물줄기 소통

숨막힌 무더위 물줄기 소통 1일째

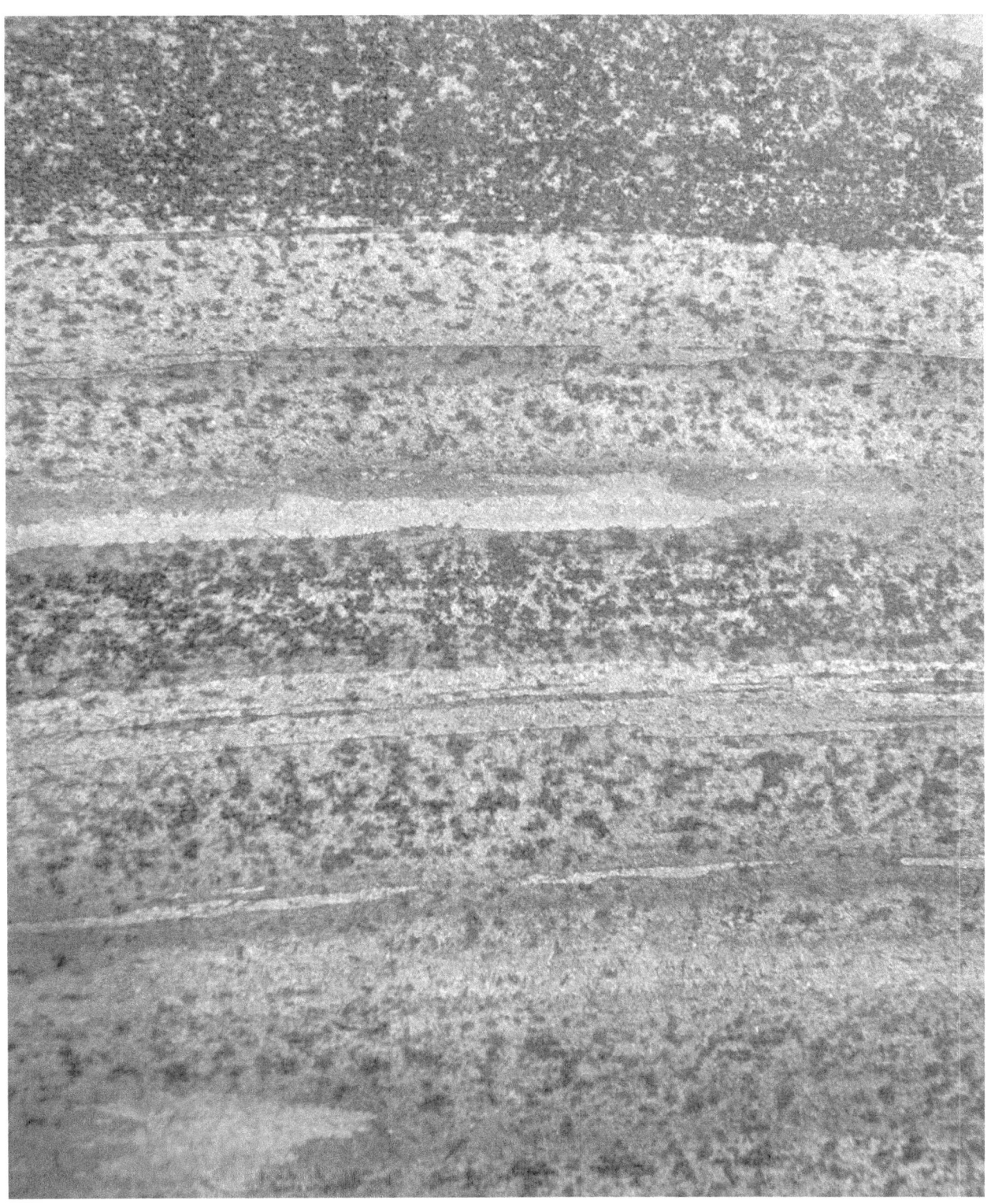

숨막힌 무더위 물줄기 소통

숨막힌 무더위 물줄기 소통 2일째

숨막힌 무더위 물줄기 소통

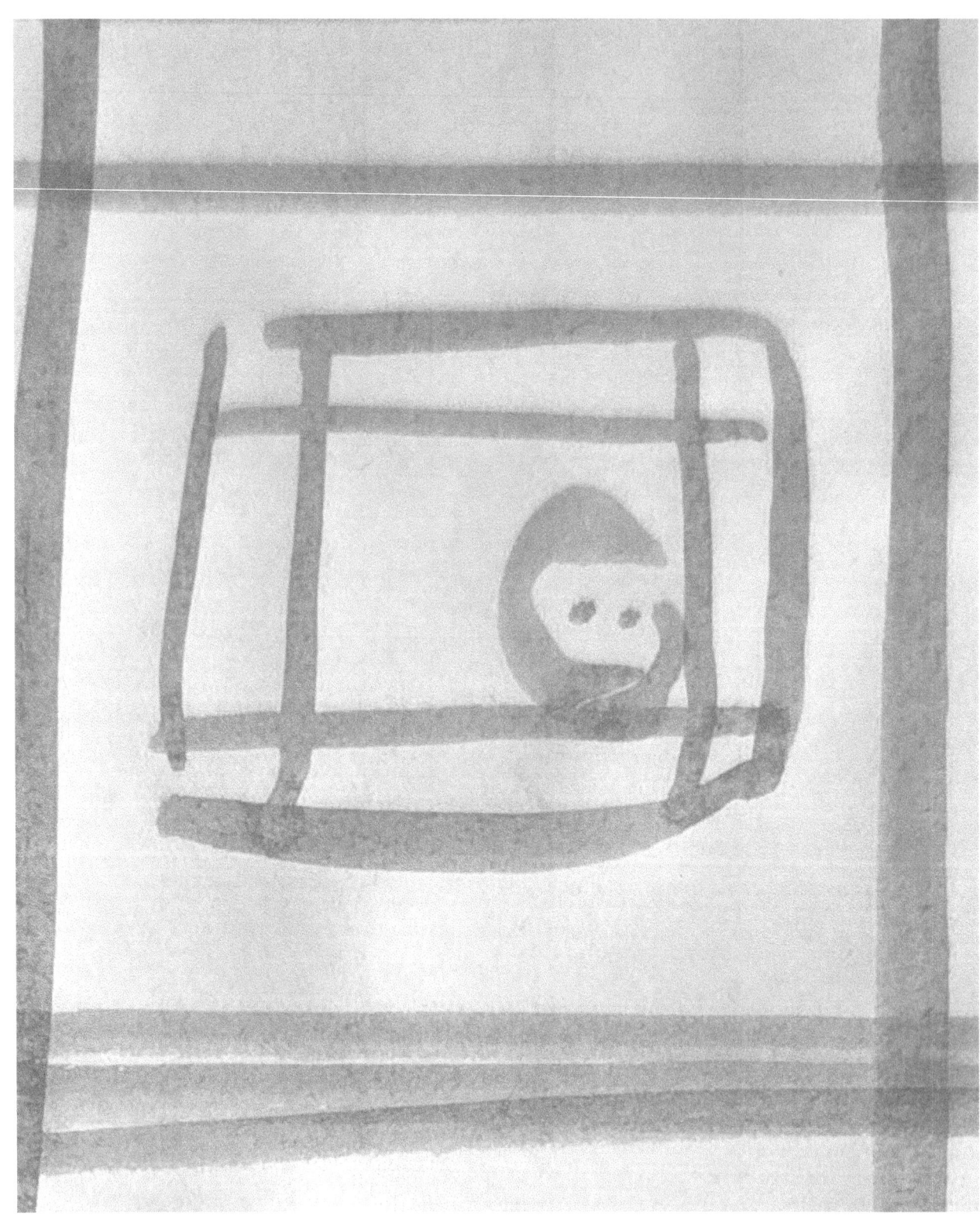

숨막힌 무더위 물줄기 소통 3일째

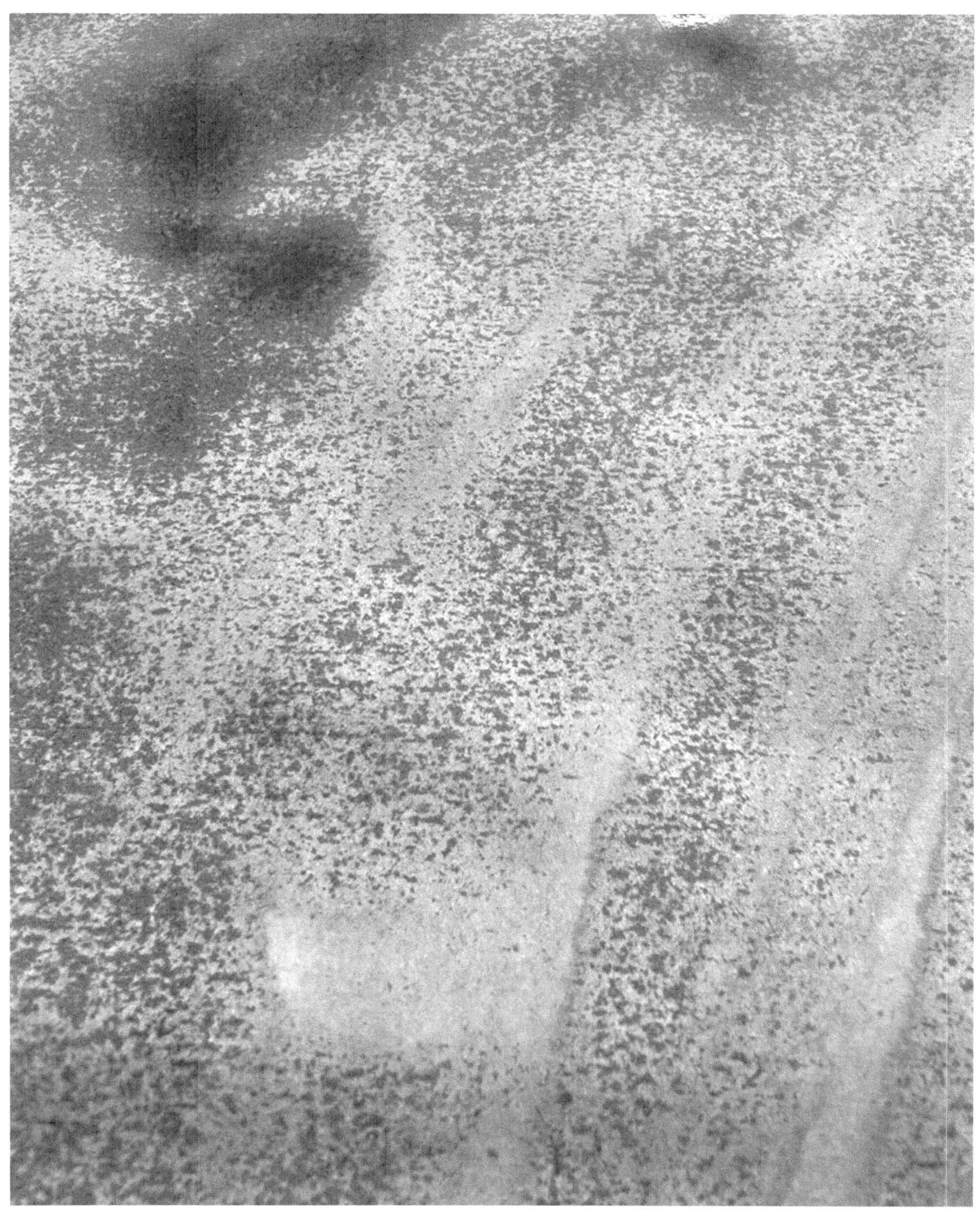

숨막힌 무더위 물줄기 소통

숨막힌 무더위 물줄기 소통 4일째

숨막힌 무더위 물줄기 소통

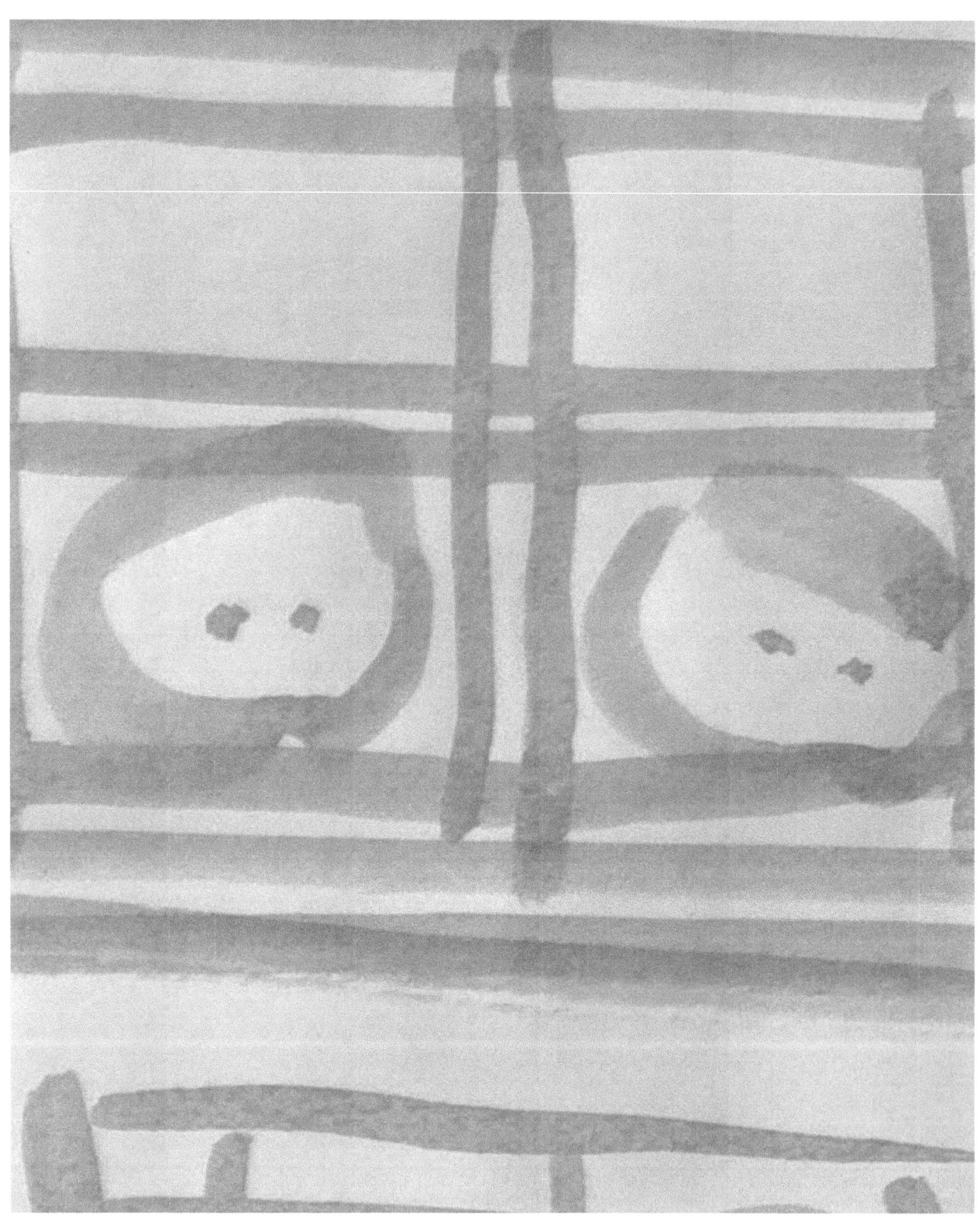

숨막힌 무더위 물줄기 소통 5일째

숨막힌 무더위 물줄기 소통

숨막힌 무더위 물줄기 소통 6일째

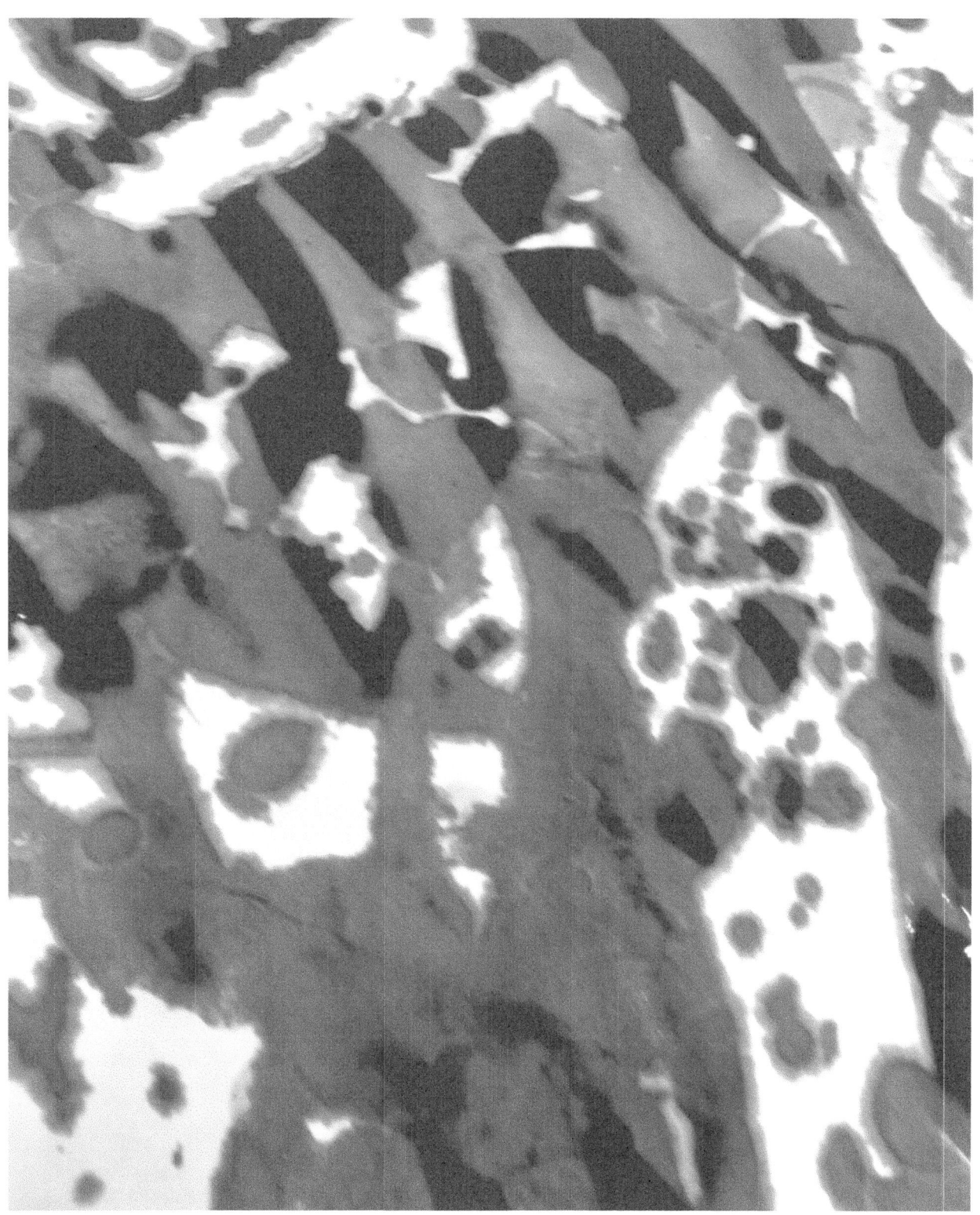

숨막힌 무더위 물줄기 소통

숨막힌 무더위 물줄기 소통 7일째

숨막힌 무더위 물줄기 소통

숨막힌 무더위 물줄기 소통 8일째

숨막힌 무더위 물줄기 소통

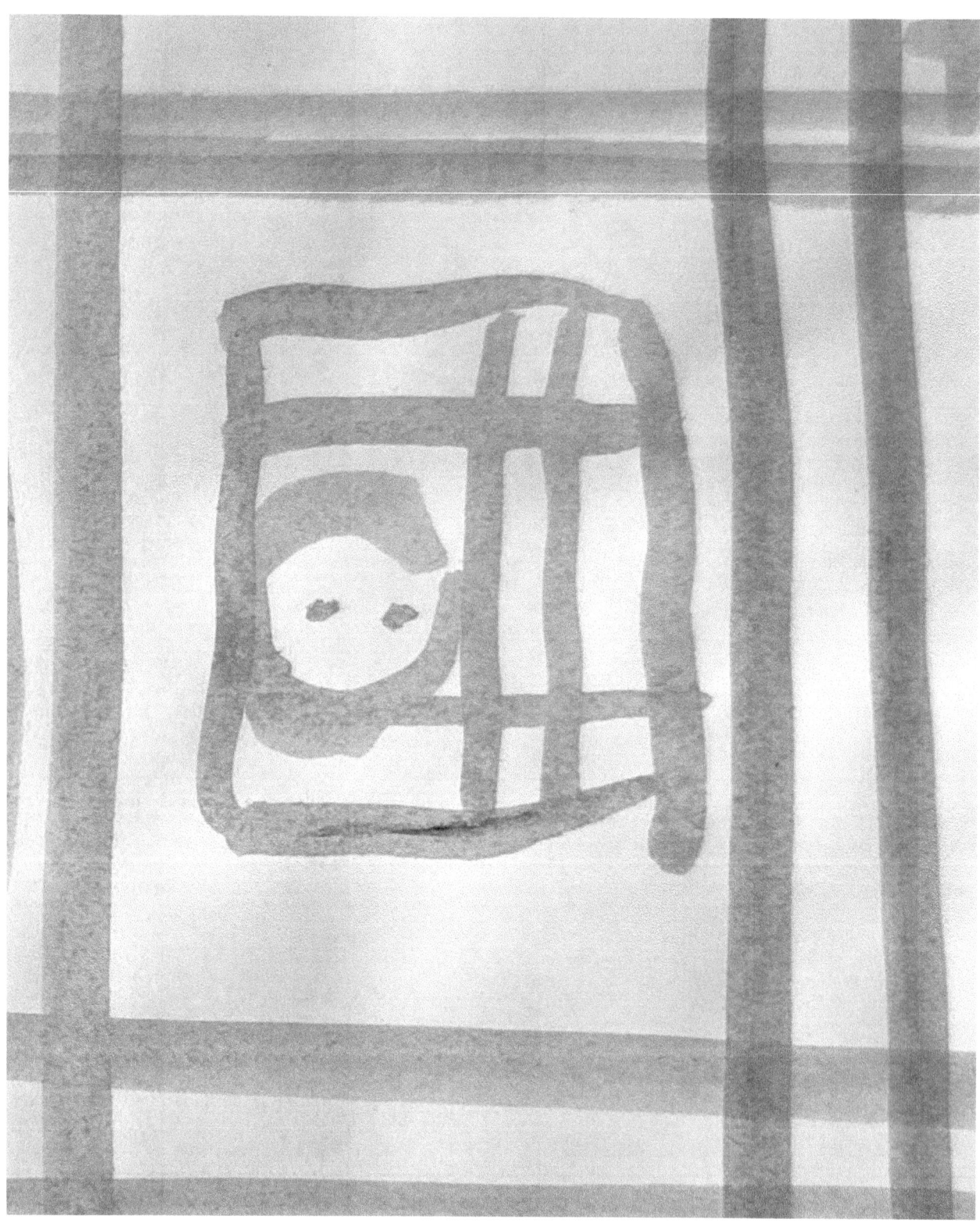

숨막힌 무더위 물줄기 소통 9일째

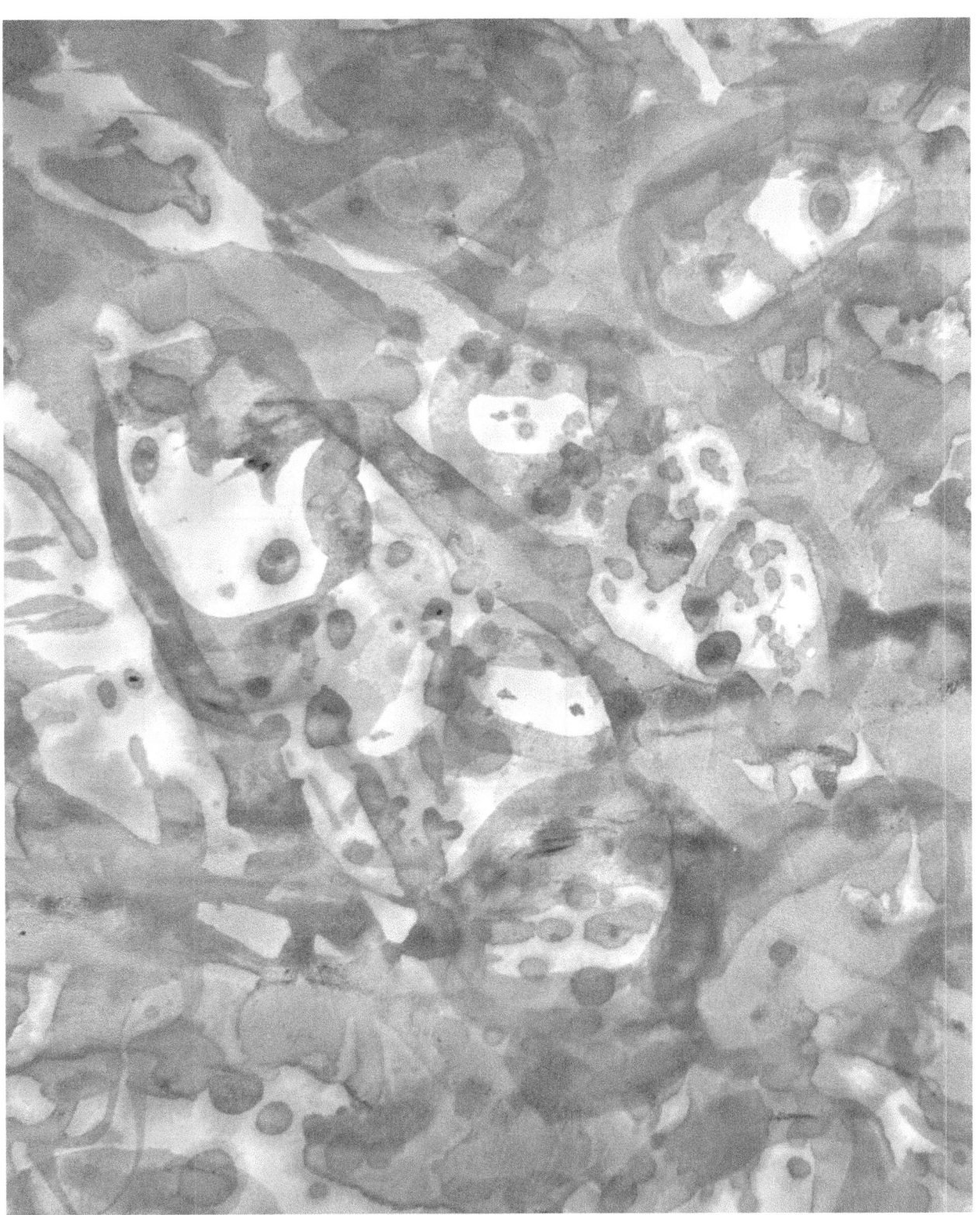

신간 워크북

| 강력하고 신선한 우울극복 자살치료 전 5권

| 강력하고 신선한 우울극복 자살치료 2탄 전 5권

| 그림자를 밝히는 만다라 전 5권

| 불면증 치유 워크북 전 5권

| 불면증 치료체험 워크북 2탄 전 5권

| 상가거리 우울한 치유 이야기 전 5권

| 시장 상인들의 행복한 가게 이야기 전 5권

| 반려견 애도 전 5권

| 흥미진진한 길 전 5권

| 영북면 문화 발굴 전 5권

| 멈춤 없는 길 전 5권

| 가벼운 날 전 5권

| 꿈을 여는 시간 전 5권

| 조화로운 몽이세상 전 5권

| 영북시립도서관 전 5권

기념품 판매

민소매·티셔츠·맨투맨·몽이망토담요·후드집업·몽이가방·조끼·셔츠

| 부정세포 실제탐색 전 5권

| 가을신화 전 10권

| 인생 잘사는 길 전 5권

| 치매예방 전 5권
| 맛을 뺀 정신 전 5권

| 축제의 길 전 5권
| 왕의 길 전 5권
| 자유롭게 전 5권

| 치유의 몫 전 5권

| 가치있는 삶 전 5권

| 꿈몽이들의 고향 전 5권

| 내 인생의 월드컵 전 5권

| M통찰 2단계 1차 전 2권

| 몽이들의 빛 전 5권

| 내 인생의 월드컵 전 5권

| 경영인 전 11권

| 꿈 분석가 전 10권

| 오늘의 마음 날씨 전 5권
| 해와 달 전 5권
| 뇌 기능 운동 전 5권
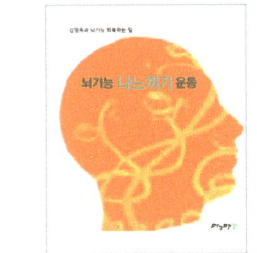

| 아플 때 쉬어가는 나 전 8권
| 아플 때 만난 나 전 5권
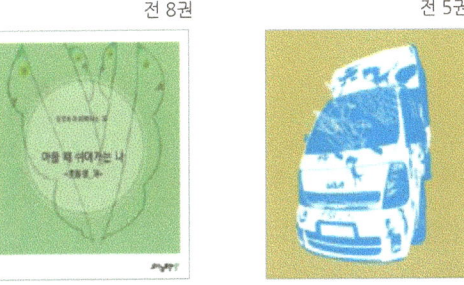
| 아름다운 길 전 5권

| M통찰 1단계 전 3권

| 황금빛 용
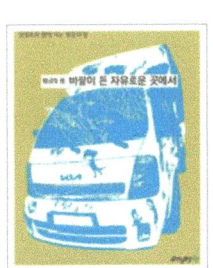

마그마숲 M심리지원단 전국치유와 희망으로 달린다

김영옥심리체험박물관 관악구 몽이전시관 <small>서울시 관악구 신림동 1476~7 1층 102호</small>

김영옥과 함께 무더운 한 여름 소나기 기법
일시적 해소 응급 뇌 소통 – 숨막힌 무더위 물줄기 소통

발행일	2025년 7월 19일
지은이	(사) 만다라미술심리연구원
기획·연구	마그마숲, 몽이세상, 마그마숲과 창
펴낸곳	1~2관(인간탐색관) 5~6관(블랙투시관) : 경기도 포천시 영북면 문암길 24
	3~4관(정신탐색관) : 경기도 포천시 신북면 청신로 2084
	7관(생활탐색관)~8관(몸탐색관) : 경기도 포천시 신북면 기지리 101-6
	9관(관계탐색관) : 대구광역시 수성구 동원로 150(만촌동)
	서울본부 마그마숲 : 서울시 종로구 자하문로 266 타임730 오피스텔 212호
	대표 : 031) 533-1707 서울본부 : 02) 736-1706 FAX : 031) 532-1706
이메일	magmasup@naver.com
홈페이지	http://www.magmasup.com (마그마숲)
	http://www.mgmskm.com (국민학습지)
	http://www.magmasup.kr (몽이세상)

- 서울 사)만다라미술심리연구원
- 서울 마그마숲
- 포천 영북면 문암길24 몽이세상
- 포전 신북면 청신로2084
- 주)김영옥심리체험박물관
- M전시관 회원전
- 매달 워크샵 진행

ISBN 979-11-7330-051-6
ISBN 979-11-7330-050-9 (세트)

값 15,000원

제1~2관 : 포천 영북면 문암길24 몽이세상   제3~4관 : 포천 신북면 청신로 2084

이 책을 불법 복제시 저작권법에 따라 처벌 대상이 됩니다.